Il vampiro seduttore

John Danen

Published by John Danen, 2023.

While every precaution has been taken in the preparation of this book, the publisher assumes no responsibility for errors or omissions, or for damages resulting from the use of the information contained herein.

IL VAMPIRO SEDUTTORE

First edition. September 13, 2023.

ISBN: 979-8224841189

Written by John Danen.

Sommario

Introduzione.

Sto facendo questo libro perché mi sono reso conto che ci sono enormi somiglianze tra il vampiro e il seduttore. Il vampiro è dedito al male, un essere delle tenebre corrotto dal male. È un essere notturno con grandi capacità di seduzione, enorme potere e lunga vita.

Anche il seduttore è un altro essere delle tenebre, con grandi capacità di seduzione, anche se non innate ma elaborate in modo molto laborioso. Ha anche un enorme potere e una lunga vita nella seduzione, e se la sfaccettatura della seduzione oscura predomina, il seduttore sarà dedito al male, quindi sono molto simili in termini di ciò che sono ciascuno.

Il vampiro morde e dà la vita eterna a colui che morde, o uccide del tutto. Il seduttore conquista le ragazze, le bacia e questo è l'equivalente del morso del vampiro. Poi dà loro una vita buona o cattiva a seconda di ciò che si meritano, di solito cattiva ma sopportabile. L'unica differenza importante è che il vampiro è un essere soprannaturale e anche il seduttore ha capacità quasi soprannaturali, ma non è così. L'essenza è molto simile.

Spero che non prendiate questo libro come uno scherzo, perché quello che sto per scrivere è di grande importanza e sono sicura che non ve ne siete resi conto, e se ci sono vampiri veri, beh, è meglio che non vengano a trovarmi, e se lo fanno, dovrebbero offrire qualcosa di qualità, come la vita eterna e cose del genere, altrimenti sono molto felice di essere un seduttore.

L'abbigliamento del vampiro.

Il vampiro è senza dubbio molto più elegante del seduttore. Il vampiro classico del XIX secolo indossa mantello, cappello alto, abito elegante, colletto alto, colori bianco, rosso e nero e ha una raffinatezza e un portamento elegante, in gran parte dovuti al suo abbigliamento. Il vampiro romantico, cioè del XIX secolo, è molto ben vestito con abiti di alta qualità e spesso indossa abiti che oggi non sono più di moda, come il mantello o il bastone.

Il vampiro attira l'attenzione ovunque vada. Indossa anche occhiali da sole scuri, preferibilmente blu, con i quali è in grado di uscire alla luce del giorno. Non tutti ci riescono, ma alcuni sì.

L'abbigliamento del seduttore.

Se il seduttore non appartiene alla "scuola di portamento" che ho spiegato nel libro Seduzione 5.0, non si veste eccessivamente bene, si veste con disinvoltura, come gli pare, può essere elegante, può essere sportivo, insomma, crea il suo stile e si identifica con quello stile. Il seduttore non si veste mai così elegantemente e bene come un vampiro, perché la sua raffinatezza e squisitezza non sono tali. Solo pochi seduttori molto, molto raffinati si avvicinano all'altissima qualità dell'abbigliamento e dell'eleganza del vampiro.

Personale di comando.

Un accessorio che i vampiri portano spesso con sé è il bastone. Probabilmente non avete capito il significato di questo bastone. Questo bastone viene portato dal vampiro non perché è vecchio o perché gli è difficile camminare. È il bastone del comando, che viene portato da re, principi, persone di alta nobiltà, militari, capi o dittatori. Portare il bastone significa avere autorità. Significa che chi lo porta è al comando. Il bastone del comando vi conferisce uno status superiore a tutti gli altri, sarete colui che comanda e dirige tutti. Dracula e molti vampiri lo portano. È un bastone elegante, riccamente lavorato e ornato, fatto di metalli e pietre preziose, e dà al vampiro il tocco della ricchezza e del potere. Di solito il vampiro appartiene alla nobiltà o addirittura alla famiglia reale ed è per questo che lo possiede.

Il bastone del comando è tenuto da autorità, sindaci, sceriffi, imperatori, presidenti di paesi e naturalmente... vampiri.

Se necessario, è anche possibile difendersi con essa, infliggendo colpi pesanti ai nemici.

Il lungo cappotto o mantello.

Esatto, tutti i vampiri sono vestiti con mantelli o lunghi cappotti. Questi indumenti danno un tocco misterioso perché nascondono quasi completamente il corpo. Da lì possono estrarre le armi o avvolgere le loro vittime. Il vampiro può spostare il mantello e scomparire al suo interno per allontanarsi dai nemici. Un vampiro senza mantello non è un vampiro completo. Questo mantello dà un tocco elegante e distinto. Se è nero all'esterno e rosso all'interno con un colletto alto, tanto meglio. Oggi il vampiro può indossare un lungo cappotto con il collo alto come mantello. La sua funzione è la stessa e non sembra fuori luogo in questi tempi. Il mantello sarà sempre di seta pregiata all'interno. Con questo cappotto o mantello avvolgerete le ragazze e le avrete completamente in vostro potere.

Anelli.

Il vampiro indosserà sempre una quantità esagerata di anelli con massi giganteschi di tutti i colori. Questo vi darà un tocco opulento, sofisticato e squisito. Un tocco che vi distingue dagli altri mortali, mai detto meglio. Il portagioie del vampiro deve essere molto ricco perché si tratta davvero di pietre preziose di altissimo valore e di dimensioni enormi che devono costare molto. Il vampiro di solito acquista i suoi anelli come parte del patrimonio della sua famiglia ancestrale, e servono ad affascinare le donne, in quanto lui è più ornato di loro, ma molto di più. Il vampiro ha un'elevata conoscenza dell'oreficeria e della gioielleria, e tiene in grande considerazione questi anelli, altrimenti non si spiegherebbe perché indossi sempre questi anelli giganteschi.

Bracciali.

Il vampiro indosserà anche bracciali d'oro massiccio, mai d'argento, perché sono un fastidio per gli occhi del vampiro. Come ho detto prima, il portagioie del vampiro sarà pieno di soldi se non lo ha ucciso prima, perché tutto questo deve costare molto denaro, e sono anche pezzi antichi che risalgono a diverse generazioni e spesso vengono ereditati. Se il vampiro ha problemi finanziari, basterebbe vendere alcuni di questi pezzi e potrebbe vivere un anno intero, ma non si separerà mai da nulla perché per lui hanno un valore immenso.

Il braccialetto è molto probabilmente inciso con le iniziali di un amore secolare. Il vampiro, infatti, è un romantico di cuore e in questo si differenzia nettamente dai seduttori, che non sono affatto romantici.

Ciondoli e spille.

Il vampiro porta spesso anche dei ciondoli, anche se mai con una croce, ma può portare l'ordine del drago, o qualche insegna, o un'antica distinzione militare. Si tratterà sempre di una spilla gigantesca, che conferisce lo status di generale di eserciti o di comandante di grandi territori.

Il mortale che lo vede non si rende conto dell'enorme importanza di questi gioielli e rimane semplicemente stupito dalla fattura e dagli ornamenti di queste spille e pendenti. Per il vampiro sono oggetti preziosi e non se ne libera mai. La maggior parte di essi ha centinaia di anni.

Orecchini.

Il vampiro di solito non indossa orecchini, forse un vampiro più modernizzato potrebbe indossarli, ma in generale non li indossa. Il seduttore può indossare orecchini. Ma si tratta di un evento occasionale per entrambi, la stragrande maggioranza dei vampiri e dei seduttori non indossa orecchini.

Cappelli.

Il vampiro indossa un cappello lungo, preferibilmente nero. Il cappello conferisce distinzione ed eleganza e lo distingue dalla gente comune che non lo porta. Il cappello sarà sempre un cilindro. Questo cappello dà il tocco dell'elegante e raffinato XIX secolo e dello status superiore che è dovuto al lignaggio, ai possedimenti o ai titoli. Parlerò più avanti di come incorporare tutti questi abiti e accessori nell'abbigliamento del seduttore.

Orologi.

Il vampiro seduttore è un grande appassionato di orologi e ne avrà di tutti i colori, preferibilmente blu e neri, ma anche rossi. Un buon seduttore vampiro ha un minimo di sei orologi. Ha anche orologi da taschino che esibisce di notte nei pub quando seduce una donna, il che gli dà quel tocco di eleganza che solo il vampiro seduttore possiede. Il vampiro seduttore fa degli accessori una parte di sé e li aggiunge alla sua eleganza, al suo glamour e alla sua raffinatezza. Naturalmente non indosserà mai un orologio digitale, tutto sarà sempre analogico e con numeri chiari, numeri arabi molto grandi. Un orologio con sfondo bianco e numeri arabi neri ben visibili è particolarmente apprezzato.

Quando è al pub con la ragazza, guarda il suo orologio da taschino e la ragazza rimane colpita da tanta raffinatezza e opulenza.

Stemma.

Il vampiro seduttore che ha prosperato ed è diventato un uomo ricco e opulento cercherà di acquistare una casa con uno stemma per darsi un'aria più altera e nobile. Questa vecchia casa, grande e solenne, può diventare la dimora, almeno temporanea, del seduttore. Se questo seduttore non proviene dalla nobiltà, l'azione che intraprenderà sarà quella di acquistare o costruirsi una casa con uno stemma. Se la casa non ne ha uno, può disegnare il proprio stemma e farlo scolpire sulla facciata della sua nuova dimora. Qualsiasi scalpellino può farlo facilmente e avrà il suo stemma.

Un vampiro seduttore deve differenziarsi con tutte queste cose pompose e roboanti da tutte le altre persone del popolo.

I vampiri.

Così come esistono vampiri seducenti, esistono anche donne del tutto simili a noi, i vampiri. La differenza tra il vampiro e le vampire è che le vampire hanno una vita assolutamente facile, addirittura regalata. Ogni notte escono a cacciare e cacciano in abbondanza e questo è davvero molto soddisfacente per loro, ma non ha alcun merito. Perché l'attaccante che fa gol è meglio del portiere che si lascia segnare, per loro la pressione è costante per ottenerli e devono scegliere. Siamo noi a fare pressione perché questo accada, quindi questi vampiri, anche se alcuni possono essere attraenti, sono profondamente disprezzati e ripudiati dal vampiro stesso. Non aumentiamo più l'ego di questi egocentrici.

Aspetto generale del
vampiro.

In generale il vampiro ha un aspetto magnifico, spesso è giovane e attraente, altre volte è di mezza età con un po' di capelli grigi, e questo lo rende ancora più attraente. Indossa abiti eleganti, costosi e sofisticati, ha modi raffinati ed eleganti, conosce la storia. Un'altra caratteristica del vampiro è che è un uomo di profonda sensibilità, amante di ogni tipo di arte. È un sibarita dell'abbigliamento ed è anche uno squisito seduttore, che mina la resistenza delle sue vittime con il suo fascino e la sua lingua straniera. Il vampiro parla finemente, racconta storie meravigliose di mondi lontani che solo lui conosce. Il vampiro seduce le ragazze con la sua raffinatezza e il suo portamento imperiale. Il vampiro conosce la storia, la geografia, la scienza, la politica e le arti oscure. Ha trascorso centinaia di anni a imparare e a perfezionare i suoi metodi. Il vampiro è un pozzo di saggezza e l'incarnazione della suprema eleganza.

Aspetto del seduttore.

Il seduttore sarà meno elegante del vampiro, di solito indossa molti accessori come il vampiro, come anelli, orecchini, braccialetti, ciondoli. Indossa abiti eleganti se ne ha voglia. Anche il seduttore può avere modi raffinati, ma non raggiungerà l'estremo della raffinatezza, dell'eleganza e della ricercatezza che ha un vero vampiro. Il seduttore invecchierà molto peggio del vampiro perché non è immortale, quindi cercherà di compensare questa perdita di bellezza con più accessori e abiti migliori. In ogni caso, il seduttore avrà quasi sempre un aspetto eccellente, non magnifico come il vampiro, ma molto attraente.

Se il seduttore vuole apparire elegante come lui, deve copiare i suoi abiti in modo mascherato: al posto del mantello indosserà un cappotto lungo, al posto della spilla una spilla o un distintivo, può anche alzare il colletto della camicia come un vampiro. Imita i colori e cammina con aria distinta. Parlate lentamente, facendo delle pause, guardate le persone e trasmettete l'essenza delle vostre storie con lo sguardo. Lo sguardo è l'arma più importante di entrambi.

Il seduttore può e deve incorporare l'essenza del vampiro nel suo abbigliamento e nel suo comportamento. Entrambi appaiono belli all'esterno ma sono mostri all'interno. I seduttori non sono altro che vampiri che non si sono resi conto di esserlo.

Storia dell'orrore.

In una lussureggiante foresta al di là dei Carpazi, un tempo esisteva un castello in cui viveva un uomo chiamato Vlad Tepes, alias "l'Impalatore". Si dice che quest'uomo impalasse le sue vittime, che di solito erano prigionieri di guerra musulmani, e poi mangiasse mentre le guardava contorcersi e agonizzare sui pali. Impalò anche una cifra di tutto rispetto, circa 10.000 persone. Si dice anche che la Transilvania abbia dato i natali allo stesso Conte St. Germain, l'immortale che stupì molte corti del XVIII secolo, soprattutto quella francese.

Si diceva che quest'uomo non mangiasse mai, che potesse trasmutare il piombo in oro, che parlasse otto lingue, che fosse vissuto ai tempi di Gesù Cristo, che sapesse suonare molti strumenti. Conosceva tutte le scienze ed era incantevole. Era un uomo immortale che è riapparso nell'Ottocento e nel Novecento e si vede ancora oggi, forse è vero che i vampiri esistono, io ci credo davvero.

Per qualche misterioso meccanismo può accadere che un uomo scopra qualcosa attraverso l'alchimia, oppure può semplicemente accadere che appaia una stranezza biologica che si perpetua e si riproduce. Con il sangue, con qualche elisir di eterna giovinezza, con la pietra filosofale, o comunque sia, il vampiro è diventato immortale.

E qui in Galizia c'era anche un uomo, non viveva in un castello, non si chiamava Vlad, ma il suo soprannome poteva anche essere "l'impalatore", perché le impalava con il suo grosso membro. Un'altra somiglianza tra seduttori e vampiri: siamo entrambi impalatori.

I vampiri fanno soffrire uomini e donne, i seduttori fanno godere le donne, soprattutto quando vengono impalate.

Musica e Rocanrol.

Entrambi amano il rock and roll, il vampiro dovrebbe sicuramente ascoltare musica metal, heavy e industriale, ma anche musica per organo da chiesa e musica classica; è una persona dalle belle maniere e dai gusti molto sofisticati. Il vampiro con una tendenza al romanticismo può ascoltare musica classica più soft, in questo caso musica per violino. Le orchestre sinfoniche saranno ben conosciute e apprezzate dal vampiro e scommetto che gli piace Vivaldi. Quello di cui sono sicuro è che il vampiro ama Bach. Il luogo in cui il vampiro si trova più a suo agio è l'ascolto della musica per organo in chiesa, quindi Bach è certamente il suo compositore preferito. Per quanto riguarda la musica attuale, potremmo dire che al vampiro piacciono le band malvagie, per così dire, le band dark, gotiche o techno metal con suoni pesanti, rock and roll e industriali.

I musicisti e i gruppi musicali che sicuramente piaceranno al vampiro sono i seguenti:

- Marilyn Manson.
- Rammstein.
- Einsbrecher.
- Blutengel, che è un gruppo molto vampirico.
- Sopor Aeternus. Vampirico al massimo.

Il seduttore, se in lui domina il lato oscuro, cioè se è un "seduttore oscuro", avrà esattamente gli stessi gusti, amando la musica d'organo e i gruppi sopra citati, ma se domina il suo lato chiaro, allora avrà altri gusti diversi e altri gruppi, per esempio:

- Moby.
- Mike Oldfield.
- Uno swing micidiale.
- I clandestini.
- Roxy Music.
- Omd.

I primi sono gruppi di tenebre e i secondi di luce.

Come canzone più vampirica del mondo considero "Death soulds" dei Sopor Aeternus. Una musica eccellente che parla proprio di vampiri.

Seducente vampiro rocker.

Assenzio.

C ome dice il vampiro nel film alla sua bella signora.
"L'assenzio è l'afrodisiaco dell'io,
la fata verde vuole la tua anima
Ma non preoccuparti, con me sei al sicuro.

E così è, i vampiri bevono assenzio e anche i seduttori mezzi pazzi come me.

Con questa bevanda si esce di testa, si ha un'enorme creatività e si visualizza tutto molto meglio, si esce davvero di testa con la fata verde. Un'altra similitudine tra vampiri e seduttori. Lo stesso Dracula lo beveva nel XIX secolo.

Mantra.

Ripetete dopo di me.

-Voglio

Desidero

Decido

Esigo

Che tutti i miei desideri si avverino, perché il fottuto potere è con me.

E questo lo grido forte e deciso senza paura di essere ascoltato, senza curarmi di quello che pensano gli altri, sono uno con il fottuto potere e non mi può succedere niente di male - sono uno con il fottuto potere.

Grazie al fucking power realizzo tutto ciò che desidero e questa è la fonte del mio potere. La mia capacità di visualizzare e l'assoluta convinzione che il fottuto potere mi fornisca tutto ciò che voglio, mi dà veramente potere.

Al di là del tempo e dello spazio, attraversando oceani e catene montuose, il fottuto potere mi porta ciò che chiedo. Una rivelazione mistica, un fiume che scorre, il mare che si infrange contro le rocce, la nuvola che copre il sole, tutto fa parte del fottuto Potere, io lo assorbo, lo impregnato del mio pensiero e lo emetto e lui mi restituisce ciò che desidero.

Dio non gioca a dadi.

Qualunque cosa vi accada, anche se vi sembra molto brutta, dovete accettarla, perché non sapete davvero quali saranno le conseguenze di ciò che desiderate. Ma Dio, che è in alto e vede tutto e conosce ogni cosa, sa cosa è bene per voi e quindi non ve lo concede. Non rimpiangete nulla, Dio non gioca a dadi, non scoraggiatevi se le cose non vanno bene, fa tutto parte del piano ed è così che deve essere ed è perfetto.

Nell'universo si è scoperto che esiste una supersimmetria che non ha logica ed è la prova che si tratta di qualcosa di molto grande, o di una simulazione infinitamente potente o dell'opera di qualcuno o qualcosa con le sue leggi immutabili. Tra queste leggi c'è quella secondo cui si può attrarre ciò che si desidera visualizzandolo, e Dio lo vuole e ne è contento.

Einstein, uno degli uomini più intelligenti del mondo, disse: "Dio non gioca a dadi", accettate e siate grati per ciò che Dio vi dà.

Nocturnita.

Il seduttore e il vampiro sono entrambi creature della notte, il vero seduttore rinnega il sole ed esce a svolgere la sua funzione solo al calar della sera, esattamente come fa il vampiro. Questa è un'altra grande somiglianza che mi ha portato a stabilire dei legami tra i due. Il seduttore sviluppa la sua predazione quasi sempre al buio, ancora di più se è un seduttore oscuro, quindi eviterà la luce come un vampiro e durante il giorno dormirà solo, se può permetterselo. Uscirà solo per fare la spesa minima, sempre vestito con molta protezione solare, indossando occhiali da sole che tolgono la luce del sole che tanto lo infastidisce e lo danneggia. Non lo danneggia quanto il vampiro, ma lo danneggia molto. Il seduttore non praticherà mai il "gioco diurno", che chiama "diegame", perché è qualcosa che quasi lo uccide e che gli dispiace fortemente.

La notte è nostra amica, camuffa i difetti che si hanno con l'età, non si nota la mancanza di capelli, né le rughe, nemmeno se si è un po' in sovrappeso, lo si nota chiaramente come alla luce del giorno. La notte è favorevole, perché l'oscurità abbellisce il nostro corpo, camuffa i nostri difetti. Inoltre, l'alcol che bevono loro stesse le indebolisce e le rende più ricettive al nostro fascino.

I veri cacciatori sono sempre notturni, si appostano nell'oscurità. Il vampiro è pieno di notte, il seduttore lo stesso. La notte è magia, la notte è la nostra vita. Il seduttore e il vampiro se ne vanno all'alba con la soddisfazione di aver fatto il loro dovere. A volte tornano alla loro tana da soli, a volte accompagnati da nuove e stupende ragazze che, quella stessa notte, andranno a godere dei piaceri del lato oscuro.

Alcune diventeranno vampiri, in questo caso buoni, altre fedeli seguaci del seduttore. Dal bene nasce il male e dal male nasce il bene.

Il gusto del rischio.

Il seduttore e il vampiro amano il rischio, potrebbero essere a loro agio a casa, uno nel suo castello e l'altro nel suo appartamento con una bella donna sexy. Il vampiro avrebbe la sua vampiressa e sarebbe felice e il seduttore avrebbe la sua amica e non cercherebbero altro, ma ciò che piace di più a entrambi è andare a caccia. A volte la preda dura una notte o pochi giorni e, non appena acquisita, viene eliminata dalla loro vita. A volte no, a volte per la qualità e l'eccellente comportamento della donna, si trasformano in vampiri o nei nostri più ferventi accoliti, i nostri amici intimi che ci perdonano tutto, ci adorano e ci stimano molto. La nostra triade, le tre donne che ogni buon seduttore accumula per il suo divertimento. Questa triade compare anche nel film "Dracula" di Francis Ford Coppola. Dracula aveva la sua triade, tre donne meravigliose che si trovavano nel suo castello, e così ha passato i secoli a consolarsi per non avere la sua vera amata Elizabetha. Con questa triade Dracula era molto più felice che in solitudine e l'immortalità era più sopportabile per lui.

Anche noi, come il vampiro, formiamo le nostre triadi o quartetti e ci consoliamo con queste donne quando la caccia è insoddisfacente.

E cosa penso del flirt, il flirt è una cosa molto rischiosa da fare, anche più dell'arrampicata, ma il rischio è dove ci si sente veramente vivi.

Creazione del gruppo di accoliti.

Dracula ha dei servitori, anzi degli schiavi, a cui dà parte dei suoi poteri e che lo proteggono durante il giorno e lo servono fedelmente. Questi accoliti, questi servi, come Renfield, sono stimati e apprezzati dal vampiro anche se li tratta piuttosto male.

Noi seduttori non abbiamo accoliti così chiaramente utili, ma abbiamo i nostri seguaci, i nostri seguaci sui social network che ci considerano molto grandi e che ci difendono e ci stimano molto. Ci dedichiamo a mostrare loro il lato oscuro, a insegnare loro le tecniche sia della luce che dell'oscurità, ci dedichiamo a formarli, a trasmettere le nostre conoscenze, e loro ce ne sono molto grati. Anche noi abbiamo una somiglianza in questo, inoltre riserviamo ai nostri seguaci un trattamento molto migliore di quello che riserva loro il vampiro. Non confondete gli adepti con le ragazze, gli accoliti sono uomini duri e senza vergogna.

La dimora del vampiro.

Il vampiro ama vivere in un castello sgangherato tra le montagne, un castello dall'arredamento super antiquato, freddo, umido e tetro. Un castello che non può permettersi adeguatamente e che ha un sacco di sporcizia, ragnatele e strane cianfrusaglie dei secoli passati in giro a prendere polvere. Questo castello mostra la grandezza e l'opulenza del Conte di Vapiria secoli fa, ma oggi è decrepito e invaso dalla vegetazione. Dracula non è molto al passo con i tempi e si illumina con candele antiquate, che danno al castello un'atmosfera cupa e spettrale. Ha anche i suoi servitori che lo servono, i suoi accoliti che lo proteggono dalla luce. Nella sua cripta Dracula è a suo agio, riposa senza alcuna luce che lo disturbi.

Questo castello viene utilizzato per accogliere i visitatori e impressionarli con l'opulenza e l'antico splendore delle sue stanze, anche se in realtà trasmette un senso di abbandono e di decadenza, ma è così che piace di più al suo proprietario, fatiscente e in franca decadenza, che conferisce al castello un'ottima aura romantica e luttuosa.

La dimora del seduttore.

La dimora del seduttore è una casa molto più modesta di quella del vampiro. Al seduttore piace vivere in alto, quindi preferisce attici e piani alti da cui può godere della vista. Al seduttore piace vivere in alto, quindi preferisce gli attici e gli ultimi piani dove può godere della vista. Porta le sue vittime lassù per godersi la terrazza, se ne ha una, o almeno per stare in alto e poter vedere molto territorio. Se la casa è di fronte a un bosco, tanto meglio.

Il seduttore è un appassionato di musica, e in casa sua avrà sempre un impianto musicale ad alta potenza, con il quale lui e le sue ragazze ascolteranno le grandi canzoni che ha sempre ad alto volume, e le ragazze si divertiranno enormemente.

Anche il seduttore, come il vampiro, suona uno strumento, un basso, una chitarra, spesso un organo musicale, con un alto livello di maestria.

Dogana.

Il vampiro si alza al crepuscolo e va in giro tutta la notte in cerca di nuove vittime. La notte è tutta magica e lì nell'oscurità, sempre in agguato, si nasconde il vampiro pronto a mordere. Anche noi seduttori siamo come i vampiri e usciamo di notte, mentre di giorno ci riposiamo, sonnecchiamo e ci riposiamo, per essere pienamente operativi al tramonto.

Un'altra abitudine è quella di non preoccuparsi di nulla e di essere sempre cordiali e allegri. Cosa c'è da preoccuparsi quando si è consapevoli di essere un vampiro seduttore? Niente, ci si diverte e basta.

Sadomaso.

Sia il seduttore che il vampiro hanno la loro triade. Queste donne dipendono dal vostro enorme potere, vivono per servirvi e darvi piacere. Sono ai vostri ordini, ai vostri comandi, perché apprezzano così tanto le vostre qualità che si permettono di fare in campo sessuale tutto ciò che volete, ecco perché sia il seduttore che il vampiro hanno almeno una triade riunita.

Questi accoliti si divertono a compiacere il padrone e fanno tutto ciò che gli si chiede di fare.

E poiché ci sono differenze tra il padrone e le schiave, queste ultime devono ovviamente soddisfarvi e soddisfare tutte le vostre perversioni, perché sono molto fortunate a stare con voi e dovrebbero esservi grate per questo. Quindi, sia il seduttore di altissimo livello che è diventato un padrone di schiavi, sia il vampiro fanno sadomasochismo con le loro ragazze inzuppate d'acqua.

Sadomaso Sì!

Sesso orale.

Il vampiro è un sibarita sessuale che ama molto il sesso orale, soprattutto quello che gli fanno.

Una donna con le labbra dipinte di rosso intenso enfatizza maggiormente questa parte del corpo così carnosa; se mettiamo una maschera che copre quasi tutto il viso tranne gli occhi e la bocca, questo influirà sulla morbosità che conferisce quella bocca, che sarà un altro organo sessuale e il vampiro godrà nel vedere come la sua schiava la scopa.

Questa maschera può essere indossata a questo scopo, per enfatizzare la funzione sessuale della bocca e dominarla. Ogni fellatio ben fatta deve essere perfettamente vista dal vampiro per essere totalmente soddisfacente. Il vampiro diventerà molto esigente in questo campo e non scenderà a compromessi al minimo errore.

Città e luoghi preferiti.

Al vampiro e al seduttore piacciono le stesse cose. A parte il momento della seduzione, quando si deve andare al pub e non c'è altra scelta, andremo quasi negli stessi posti. Il pub è, per così dire, il nostro ambiente naturale, l'oscurità, il mimetismo tra la folla è una gioia. Ma in realtà il luogo in cui sia il seduttore che il vampiro si trovano a loro agio nel periodo di riposo dalla predazione è la foresta, le montagne e i fiumi.

A tutti piace andare in spiaggia e va bene anche così, non dico che non sia bello, ma per i miei gusti è preferibile andare in alta montagna con grandi foreste e fiumi che scorrono veloci, dove si può saltare dagli alberi nel fiume e godersi la corrente. Inoltre, questi luoghi sono molto meno frequentati delle spiagge, che sono totalmente sature. Qui si trova il relax e la pace che la natura ci regala e ci si sente benissimo.

Pensate un po', la dimora di Dracula non era in una città, era sperduta tra le montagne della Transilvania, così come il seduttore è lo stesso, di solito ha una casa alla periferia della città, in mezzo alla natura, poi esce sempre di notte per cacciare, e all'alba si nasconde di nuovo nella sua tetra dimora. La mia casa è così, è alla periferia della città e si affaccia su un bosco, è anche ombreggiata perché è rivolta a nord e non prendo mai il sole, quindi più punti per la mia convinzione che se non sono un vampiro, almeno ho abbastanza da fare con loro.

Di notte lascio la finestra aperta e ascolto i gufi della foresta che fischiano. La foresta è proprio di fronte a me e occupa l'intera superficie del panorama. Di notte i gufi saltano e saltano e posso sentirli anche dal mio letto. Molte volte mi affaccio alla finestra e li ascolto con attenzione, a volte sono tentata di scendere nella foresta di notte e rimanere lì ad ascoltare le creature. Penso che lo farò molto presto.

Vicino a me c'è anche un'altra foresta, ancora più profonda, che ho chiamato "la foresta profumata e ombrosa" come il canto dei clandestini. Ci vado per fare meditazione, ho anche visto aquile enormi. Le aquile volano via appena mi vedono, perché anche il più grande predatore, quando vede il vampiro, fugge. In quella foresta profumata e ombrosa è fottutamente bello, ti senti in comunione con la natura e usi quelle energie per visualizzare meglio e rilassarti, e così usi più facilmente il fottuto potere.

Le città medievali che hanno aree classificate come storiche, le cosiddette "città vecchie", hanno molto più fascino. Queste città antiche sono il luogo in cui il vampiro ama vivere, e anche il seduttore. In queste "zone antiche" si trovano vecchi pub in pietra e legno che un centinaio di anni fa erano stalle ed è qui che il seduttore si sente a suo agio, perché gli ricordano il castello del vampiro.

Non ci piacciono molto i pub moderni, perché non sono sofisticati nell'arredamento, più minimalisti. Sono i pub arcaici, pieni di legno, pietra e musica rock o addirittura celtica, ad entusiasmarci.

Qui, nella mia Santiago de Compostela, mi piacciono gli innumerevoli pub cupi e tenebrosi dove, come un vampiro, mi rifugio. Più la città è piovosa e meno soleggiata, meglio è, perché fa male al vampiro e anche al seduttore notturno che tollera poco il sole e vuole sempre stare all'ombra. Quindi Santiago de Compostela è una buona città, sia per un vampiro che per un seduttore, perché è sempre nuvolosa e piove e il sole non ci danneggia. Quelli di noi che sono abituati a uscire di notte sono abbagliati da tanta luce.

Altre città consigliate sono Segovia, Oviedo, Santander e Castro Urdiales in Cantabria.

Vado sempre sui fiumi perché lì sei all'ombra degli alberi e il sole non ti disturba. Quante analogie tra seduttori e vampiri! Le città antiche, il tempo piovoso e i pub di pietra scura.

Bach, Vivaldi, brani e strumenti consigliati.

Il vampiro seduttore ascolta la musica classica, soprattutto quella barocca. I maggiori esponenti sono Vivaldi e Bach. Vivaldi ha una varietà molto ampia di musica di qualità, molti pezzi meravigliosi in cui predominano violini e mandolini. Bach si concentra maggiormente sull'organo, sulle cantate e sugli oboi. Particolarmente interessante è la musica per organo da chiesa. Questa musica è meccanica, fredda, artificiale e crea un'atmosfera magica. Se ascoltate l'organo della cattedrale, vi farà accapponare la pelle, perché è davvero qualcosa di sublime e grandioso. La musica per organo da cattedrale è la migliore musica che esista, al di sopra della musica classica per violino, perché tende a essere un po' pomposa.

Un altro strumento magico è il clavicembalo, un pianoforte antico solenne e meccanico che dà un tocco squisito ed elegante alla musica. Qui includo anche Handel, che è un abile clavicembalista e che si è confrontato con il maestro Scarlatti, l'altro maestro di questo strumento, in un epico duello.

Pubblicherò una selezione dei migliori brani musicali che ogni vampiro seduttore dovrebbe ascoltare mentre è a casa a vegliare, pronto a uscire e a predare. Buxtehude è un altro compositore che merita di essere ascoltato.

A me piace il rock e immagino che piaccia anche a voi, ma seguite il mio consiglio e ascoltate questi pezzi ad alto volume, sono fantastici.

Bach:

Concerto per organo in la minore Bwv 593 di Bach. Lo consiglio vivamente.

Fuga in sol minore BWV 578 - J S Bach

Bach - Fantasia e fuga in sol minore BWV 542

Bach Preludio e fuga in si minore BWV 544

Concerto per clavicembalo n. 1 di Bach in_D_Min

BWV 593 Concerto per organo in la minore. Altamente raccomandato.

J S Bach Cantata BWV 29

Johann Sebastian Bach - Toccata e fuga in re minore BWV 565. Le più conosciute.

Vivaldi:

Concerto di Vivaldi per violino e organo

Antonio Vivaldi La tempesta di mare.

Gloria in excelsis deo. Antonio Vivaldi

Vivaldi,_Concerto_per_2_mandolini

Vivaldi RV 230 C per organo - come lo ha fatto bene quel bastardo di Vivaldi! al livello del maestro Bach

Vivaldi Sinfonia in Do Maggiore Allegro. Di violini, eccellente

Antonio Vivaldi La tempesta di mare. Un altro per violini

Buxtehude:

Dietrich_Buxtehude,_Toccata_en_Fa_majeur.

Alleluia Buxtehude

Handel:

Handel clavicembalo Suite n. 7 in Sol min.

La notte.

La notte è magica, di notte tutto assume un aspetto più oscuro, la gente ha paura perché non ha un bell'aspetto, è più facile nascondersi, la notte camuffa i difetti, le rughe da vampiro centenario, di notte tutto è truccato. Inoltre, alla festa notturna la gente è allegra, beve, ride e balla, l'atmosfera festosa predispone all'amore e alla passione. È un mercato aperto con molte interazioni. Se siete davvero impegnati nella vostra missione seduttiva, ci sono tante, tantissime possibilità, è una vera festa. È proprio in questo mercato notturno che avvengono gli scambi più fluidi e accesi. Molte volte le ragazze fanno cose di notte che il giorno dopo si sorprendono e non osano nemmeno ricordare.

Ne approfittiamo, la notte non è la nostra missione, è parte di noi. Usciamo quando fa buio e torniamo quando fa giorno. Siamo davvero dei vampiri notturni.

Di notte

Sotto la luna piena

Alle dodici circa

Il vampiro esce fuori

Per procurarsi altri piaceri

Il dark pub

Il posto giusto

Per distribuire il materiale rigido

Il potere accumulato

E di conseguenza

Dal suo eccellente lavoro

Trovare una bella ragazza
E il divertimento procede
Per tutta la notte.

Solitudine.

Il vampiro è un essere solitario e non ama molto la compagnia degli altri. Va sulla spiaggia solitaria, sul fiume solitario, sulle montagne solitarie, tutto solo. Solo quando vuole interagire con le donne lo si vede in luoghi affollati. Luoghi che non ama molto, ma che sono necessari. Feste o terrazze assolate.

Il luogo in cui si trova a suo agio è l'oscurità del pub.

Il lago iniziatico del vampiro.

Nell'oscurità della sua dimora, il vampiro pianifica i suoi viaggi attraverso terre sconosciute e selvagge. Viaggia sempre da solo in questi viaggi di esplorazione e iniziazione. Poi, una volta esplorato il terreno, può portare con sé le sue numerose e preziose donne, che ne godranno doppiamente. Si godranno il posto senza dover fare alcuna ricerca, voi gli darete tutto già fatto e, naturalmente, si godranno anche il vampiro scopatore in persona.

Il vampiro di solito non viaggia nelle città, ma in luoghi inospitali in mezzo alla natura, dove di notte ricarica le sue energie assorbendo il potere di quel luogo.

Fiumi, laghi, bacini o qualsiasi corso d'acqua dolce sono i luoghi preferiti dai vampiri.

Viaggerà per centinaia di chilometri per trovare il posto giusto. Il suo nuovo luogo di potere.

Una volta nel luogo del potere, il vampiro percorrerà tutti i sentieri, si bagnerà in tutti i fiumi, esplorerà tutte le foreste. Il vampiro farà il bagno nudo nel lago al tramonto e la sua testa si staccherà da tanto godimento e piacere.

Lì, in solitudine, perso nei boschi, mezzo nudo e lontano dalla civiltà, avrà le rivelazioni che gli daranno il potere e, in seguito, sedurrà magnificamente quasi tutte le ragazze che il vampiro desidera sedurre.

Nella notte buia, mentre piove leggermente, il vampiro si immerge nel lago oltre le montagne. La luna piena splende nel cielo e le stelle brillano sulla superficie del lago.

Nelle profondità del lago, senza luce, nell'oscurità totale, completamente sprofondato sul fondo, il vampiro rimane lì trattenendo il respiro il più a lungo possibile, finché non riesce più a trattenerlo, e simbolicamente muore.

Poi arriva la rivolta.

Il vampiro emerge dalle profondità del lago, nudo, senza nulla, completamente spogliato dei suoi averi, ma, da quel momento di morte e resurrezione, l'unica cosa che farà sarà acquisire sempre più potere. Dalle profondità del lago nella notte stellata, il vampiro emerge trasformato in un nuovo sé, ancora più potente del precedente.

Il lago del vampiro è vasto e circondato da grandi foreste, dove si reca per la sua metamorfosi, la sua morte e la sua resurrezione. Quando emerge, tutte le paure e le insicurezze del vampiro rimangono nel lago ed egli ne esce pulito, puro e potente.

Dall'oscurità di un lago sperduto tra le montagne, emergerà una luce che intrappolerà irrimediabilmente le donne che interagiranno con il vampiro.

Si tratta di un rituale, di un atto di responsabilizzazione.

Dalle tenebre nasce la luce.

La luna.

Il vampiro si arrampica sulla montagna più alta che riesce a trovare e guarda la luna. Porta sempre con sé i suoi oggetti magici, che vengono caricati lì.

Questo è un altro buon posto per acquisire energia. Il belvedere della montagna. Lì, da soli, di notte, assorbite sempre più potere celeste e tellurico, che viene poi trasformato in puro potere del cazzo, che vi permette di ottenere tutto ciò che desiderate. Una visualizzazione ben eseguita in questo luogo si trasforma molto più facilmente in pura realtà. A volte proprio come è stata immaginata.

Questo potere assorbito dalla natura, dal cielo e dalla terra, viene poi immagazzinato e utilizzato a piacimento dal vampiro nel pub. Il suo terreno di caccia.

Dalla paura e dalla morte nascono la fiducia e la vita.

Dove non c'era nulla, appare una folla.

Dalla scarsità si crea l'abbondanza.

Dalla solitudine nasce la compagnia.

Il rinato è qui per compiere un altro massacro.

Bagni termali.

Il vampiro si bagna anche nelle sorgenti termali che sorgono sulle rive dei fiumi. Lì, in queste piccole piscine, non solo si diverte e si rilassa, ma, essendo luoghi piuttosto affollati, socializza e molte volte, sfoggiando il suo potente carisma, flirta proprio con ragazze di grossa taglia che sono state scelte dal seducente vampiro o che sono state attratte dalla sua figura imponente. Tuttavia, dovrebbe evitare le giornate molto soleggiate, poiché il sole infastidisce enormemente il vampiro, che preferisce le giornate nuvolose, i tramonti o addirittura le notti.

Il vampiro va nella vasca idromassaggio con la sua bottiglia di champagne e la sua bella fidanzata per fare una grande scopata che finirà in un solo modo possibile. Il vampiro finirà sicuramente per scoparsi la donna che è con lui nella vasca idromassaggio. Una donna che è diventata più calda della vasca stessa mentre fa sesso con il vampiro e deve essere saziata con un eccellente sesso vampirico e lussurioso.

Cultura dei vampiri.

Il vampiro è un pozzo di saggezza. Assorbe tutto, indaga, scava in profondità. Il vampiro è estremamente interessato a tutti i tipi di argomenti, soprattutto a quelli che hanno a che fare con l'antichità e con le sontuose dimore che un tempo vi sorgevano. I romani, la loro architettura e ingegneria lo entusiasmano.

Il vampiro conosce gli imperi, conosce perfettamente la caduta di Roma, il Sacro Romano Impero, le conquiste di Napoleone, le gesta dell'Impero spagnolo, le grandi battaglie, i grandi scopritori, gli avventurieri e i mistici.

Studia a fondo personaggi leggendari come Casanova o il conte Sant Germain. Il vampiro sa praticamente tutto, conosce bene anche le scienze occulte, la magia, il potere mentale, la fisica quantistica. Il vampiro crede nella reincarnazione, conosce la musica, suona l'organo, impara dai grandi generali e architetti, indaga su eventi misteriosi, energie occulte. Il vampiro è un iniziato, un maestro e un mistico, oltre che un enorme seduttore.

Il mago.

Il vampiro seduttore ha conoscenze di magia, è affascinato dalle scienze occulte e indaga su personaggi storici mitici come il mago Merlino o il conte Sant Germain. Parlerò un po' di questo conte che è un personaggio che probabilmente è stato un vero vampiro perché è vissuto per centinaia di anni apparendo qua e là nelle corti e stupendo tutti con la sua saggezza, la sua abilità nelle lingue, nelle scienze, nella musica. Era descritto come un uomo onnisciente che non moriva mai. Attribuiva la sua longevità e il suo bell'aspetto fisico proprio alla pietra filosofale che lo manteneva giovane, una pietra che trasformava i metalli in oro e che veniva usata anche per produrre l'elisir dell'eterna giovinezza.

Il vampiro è un mago, un piccolo iniziato che conosce alcuni concetti elementari di magia e li usa anche per sedurre, sì, il metodo JD funziona, e tutto funziona, perché non stiamo seducendo davvero, stiamo creando, stiamo facendo magia. Magia naturale.

Le streghe.

Che ci crediate o no, le streghe esistono e le potete vedere per strada in abbondanza, e direi anche che ho scopato con una di loro. Queste donne qui in Galizia sono donne che praticano la magia naturale, sono guaritrici, conoscono le piante e le loro capacità curative, hanno nozioni di magia e anche una capacità innata di connettersi con l'altro lato. Sono donne che, sebbene il nome faccia un po' paura, sono in realtà molto buone e amorevoli; un'altra cosa sono le streghe cattive che lanciano incantesimi malvagi per piegare le volontà, questa sarebbe magia cattiva e non è ciò che fanno le streghe buone. Nell'antichità tutti questi concetti di magia erano noti ai druidi celtici, che erano guaritori, giudici e persone di massima autorità.

Tutte queste conoscenze sono andate in parte perdute con la romanizzazione e sono state disperse in villaggi remoti e accaparrate dalle streghe, chiamate impropriamente streghe. Queste streghe venivano spesso bruciate ingiustamente perché tutto ciò che non era cattolico era considerato paganesimo ed eresia. Pertanto, tutte queste conoscenze arcane e lontane dei Celti ci sono state tramandate da queste streghe medievali fino ai giorni nostri. Al giorno d'oggi, praticamente tutta la saggezza ancestrale esistente è stata raccolta e la magia, gli incantesimi e la buona stregoneria delle streghe e delle meighe, come le streghe galiziane, è ancora viva e vegeta.

Un'altra cosa sono le streghe dell'America spagnola, che hanno un'origine molto diversa, derivante dallo sciamanesimo e dai nahuales e tutto il resto, e hanno poco a che fare con le streghe europee. Questo è un argomento molto più oscuro e non è quello di cui sto parlando.

In generale la buona stregoneria naturale è abbastanza concentrata nella wicca, ma a volte ha contaminazioni sataniche che non hanno nulla a che fare con la stregoneria naturale e a volte con lo sciamanesimo nella sua variante più malvagia, quello di cui parlo è la buona stregoneria che fa del bene e che semplicemente modella la vostra realtà senza mai piegare alcuna volontà. Bisogna fare un'enorme ricerca per trovare i libri giusti che parlano di magia incontaminata come quelli di cui ha parlato qui.

Le streghe sono buone, sono sexy e scopano bene, scopati una strega! Quando sei un vampiro non hai paura delle streghe, te le scopi!

Che aspetto ha oggi un vero seduttore di vampiri?

Un vampiro seducente al giorno d'oggi si presenta molto bene, di solito vestito in modo elegante con una giacca, o talvolta un completo, privilegiando ovviamente i colori rosso e nero.

Il vampiro seduttore ama gli accessori, quindi indosserà occhiali da sole per proteggersi dall'odiato sole, e questo è forse l'accessorio essenziale per uscire durante il giorno e uno dei più importanti, insieme ad anelli intagliati, collane pompose, ciondoli e alcuni orecchini che possono anche essere indossati. Tutto deve essere di buona qualità, gli abiti devono essere comodi ed eleganti oltre che di alta qualità, ma non di marca. L'aspetto che il vampiro trasmette è quello di un ragazzo duro, bello e che si piace.

Opulenza.

Il vampiro seduttore è un realizzatore, è riuscito a guadagnarsi da vivere e a uscire dal sistema convenzionale di lavorare per gli altri, così avrà tempo e denaro libero per godersi le sue malefatte da seduttore-vampiro.

Avrete una bella macchina, una bella casa, soldi in banca, libertà di fare ciò che volete, idee creative da mettere in pratica e progetti entusiasmanti da realizzare. Mangiate poco ma bene in buoni ristoranti e viaggiate in tutto il mondo finché ne avete voglia, anche a tempo indeterminato. Potrete permettervi di viaggiare tutto l'anno e di guadagnare.

Il vampiro sta vivendo una vita fantastica e si gode le enormi quantità di denaro che guadagna. Tutto questo è stato pensato e realizzato, dopo aver lavorato duramente e con intelligenza per ottenerlo.

Libertà.

Il seducente vampiro si è liberato dalla cosa più vincolante e schiavizzante, ovvero avere una ragazza. Se va con una ragazza, sarà per un periodo piuttosto breve, con poco coinvolgimento. Ciò che il vampiro seduttore apprezza di più è la libertà, poter viaggiare dove vuole, poter uscire senza dare spiegazioni, fare tutto ciò che vuole. Questo è meglio del denaro o di qualsiasi altra cosa, perché permette di essere se stessi e di fare ciò che si vuole per una volta nella vita. È ora!

La più grande schiavitù che avrete mai nella vostra vita sarà quella di avere una relazione seria con una donna. Evitatela a tutti i costi!

Magia.

Sì, il vampiro seduttore è in realtà un mago che crea la sua realtà con i suoi pensieri. Per materializzare ciò che desiderate dovete immaginare molto chiaramente e poi agire come se l'aveste già ottenuto. Chiedete e vi sarà dato, potete leggere Paracelso, potenziare i vostri poteri con la sfera di cristallo. Praticate l'arte della visualizzazione. Siate un fottuto mago che crea la sua vita ideale.

Le forme-pensiero prendono vita nell'etere, si crea un'egregora che vi porta ciò che chiedete.

Credetemi, il potere del cazzo è reale.

Mandamme Blatasky aveva ragione.

Le rosse, le ragazze preferite dai vampiri.

Bisogna prestare attenzione perché l'aspetto esteriore di una donna denota ciò che è dentro. Quindi una ragazza con i capelli rossi, una ragazza con i capelli color fuoco, è proprio questo, fuoco, una ragazza molto sexy. Di solito sono ragazze dalla pelle bianchissima, super ben fatte, che hanno un viso perfetto, un corpo perfetto, tette molto grandi, culo molto grande e una carne elastica, bianca e gommosa che è molto piacevole, ed è eccellente per ciò che ci piace di più, il sesso appassionato.

Perciò saranno sempre superiori, saranno sempre le prescelte dal seducente vampiro, un esperto d'amore che ha testato centinaia di donne, e che finalmente sa cosa vuole veramente, cioè una bella rossa con un gran culo, da scopare fino all'alba. E se riesce a schiavizzarla sessualmente, tanto meglio. Questo è ciò che vuole il seducente vampiro.

La vita del vampiro seduttore.

Il vampiro seduttore è un entusiasta della vita, ama divertirsi, uscire, fare tardi, sedurre, fare cose folli e a volte anche pericolose. Ama viaggiare in luoghi esotici. Il godimento avviene in ogni momento, non si tratta solo di ciò che vi accade o di ciò che fate, ma di come vi godete ciò che vi sta accadendo.

Penso che non ci sia nessuno più felice e spensierato di un vampiro seduttore il cui unico scopo è divertirsi. Vivi davvero la tua vita senza preoccuparti di nulla di sciocco e sei felice qualunque cosa ti accada. Inoltre, poiché pensate sempre che le cose belle vi accadano, le cose belle vi accadono e così, credendovi esenti da qualsiasi danno, questo si materializza e vivete una vita meravigliosa, dove tutto ciò che di bello immaginate, e anche di più, appare come per magia nella vita del vampiro seduttore. Niente può togliere il sorriso dal volto del vampiro seduttore. La gente non può nemmeno immaginare come ci si sente quando si svolge la propria funzione predatoria.

Ragazze goth.

Queste ragazze sono chiaramente diverse dalle vampire in quanto non vanno a caccia come i vampiri, ma hanno semplicemente un'estetica molto cool e sono belle e attraenti per il seduttore. Tutto l'opposto di una ragazza vampiro che pensa di essere la migliore, è piuttosto attaccata e fa più o meno quello che fa il vampiro, ma senza alcun merito, perché è molto facile farle fare gol e molto difficile farli. Le ragazze goth ascoltano Marilyn Manson e Rammstein, indossano rossetto nero, vestiti neri, pizzo, unghie dipinte e fighe depilate e, perché non dirlo, sono sexy e molto morbose. Quindi, a parte le vampire che sono anch'esse ragazze gotiche, ma sono stronze, queste altre ragazze più normali che semplicemente si vestono così, sono consigliabili da incorporare nella vita del seducente vampiro.

Moto e rischio.

Il seducente vampiro è piuttosto ignaro e spericolato e ama la velocità, ma deve controllarsi per il suo bene. Gli piacciono le moto veloci e le auto più cattive. È con le moto che il vampiro seduttore mostra la maggiore virilità e dove gioca di più, mettendole ad alta velocità. Consiglio di avere moto nere e di guidarle piuttosto lentamente, moto custom, tipo harley, per guidare con calma vedendo e facendosi vedere, senza bisogno di correre come un pazzo, visto che non siamo in una gara.

Un ragazzo duro e di bell'aspetto sta percorrendo la strada con la sua moto, la giacca di pelle e gli occhiali da sole. Si ferma al bar, beve qualche birra e poi, all'uscita del locale, continua, ma questa volta con una bella ragazza appena conosciuta seduta sul retro della moto.

Leggere le menti.

Sì, il vampiro seduttore è un telepate, un mentalista, una persona che capisce i pensieri degli altri perché sa leggere perfettamente il linguaggio del corpo, e sa quando piacciono, quando non piacciono, quando sono felici, quando sono tristi, quando fingono e cosa pensano veramente.

Tutte queste informazioni vengono poi utilizzate per smascherarli, dire loro la verità, sorprenderli con la vostra conoscenza approfondita di loro e allucinarli. Entrate nella loro mente e anticipate le loro mosse. Questo si impara con centinaia di anni di seduzione e con i poteri vampirici che permettono di vedere nel loro cervello e di sapere cosa vogliono e perché. Sì, noi seduttori vampiri leggiamo la mente delle nostre donne e sappiamo come far fare loro ciò che vogliamo. Abbiamo sviluppato "il rivelatore" che ci dice tutto quello che pensano all'istante.

La bomba sexy al lavoro.

Non è che sia consigliabile, è un tuo obbligo del cazzo, rimorchiare quella figa del lavoro che vedi tutti i giorni e che, vedendola costantemente, ti mortifica il fatto che non ti stai ancora godendo il suo splendido corpo.

Questi sono i primi su cui il seduttore di vampiri dovrebbe puntare, perché, come diceva lo psicopatico ne "Il silenzio degli agnelli", vogliamo ciò che vediamo, e se vediamo questo, vogliamo questo. Questi trionfi così desiderati valgono molto di più di quelli normali, quindi se volete essere un buon seduttore di vampiri, iniziate a provarci con questo e fatevi un nome nel vostro ufficio come flirt.

Attenzione se finisce male e lei diventa tua nemica. Mortificherà anche te, quindi cerca di prenderla in braccio e falla restare, o almeno se le permetti di concludere la cosa in modo soddisfacente, e finisci a freddo e completamente indipendente, perché se continua a piacerti sarai davvero fregato e non sarai un vero seduttore, un vero seduttore non soffre con le sue ex.

L'auto del vampiro
seduttore.

Quasi tutti vorremmo avere un'auto sportiva o almeno un'auto di alta gamma, ma vi dico una cosa, non c'è bisogno di tanta ostentazione per essere felici, né per attirare le ragazze, basta avere un'auto normale che vi piace. Noi ci accontentiamo di avere l'auto che ci piace, cazzo, e se a loro non piace, possono andare a farsi fottere. Lasciamo che se la comprino da soli e poi ci saliamo, e già che ci siamo critichiamo come fanno loro.

Maniere raffinate.

Il vampiro seduttore è un dandy che veste in modo molto elegante, ha una cultura imponente, ma davvero imponente, un portamento elegante e modi raffinati, eleganza e distinzione. Non è la stessa cosa dell'affascinante furfante che va in giro in qualsiasi modo e non si cura di ciò che gli altri pensano di lui. Il vampiro seduttore è raffinato, educato, cortese e sibarita.

Non mangia qualsiasi cosa, ma solo frutti di mare, pesce saporito, frutta e verdura, lasciando la carne per rare occasioni, poiché la considera un po' primitiva. Il vampiro seduttore si diletta ad ascoltare la musica classica e possiede una vasta collezione di musica. Il vampiro seduttore avrà la casa super pulita e ordinata e inviterà le sue amiche a casa sua per ascoltarlo suonare l'organo. Suona l'organo musicale e anche l'altro organo, quello sessuale, che a loro piace di più di quello musicale.

Il seduttore di vampiri è un compositore brillante, uno studioso, un saggio, le donne apprezzano e valorizzano tutto quel mondo interiore, quel bagaglio e quella vasta esperienza. Si diceva decenni fa che il seduttore di vampiri aveva avuto 40 vite, ora ne ha avute 80, e così continua ad aggiungere vite, esperienze, aneddoti che gli altri non potrebbero nemmeno immaginare.

La ragazza che va con il vampiro seduttore è stupita dalla sua finezza ed eleganza, e quindi attratta da queste qualità insolite. Il vampiro seduttore appartiene chiaramente alla scuola del portamento ed è molto richiesto dalle ragazze del posto.

La foresta profumata e ombrosa.

Nella fredda notte stellata il pazzo del vampiro seduttore si reca in una foresta buia, ma oscura e spaventosa e lì compie le sue meditazioni e le sue follie. Ci vogliono molte palle, ma il vampiro seduttore si pone degli obiettivi di auto-miglioramento e questo è uno di quelli. Andare da solo nella foresta di notte e rimanerci per molto tempo, che cosa da fare! Beh, questo è ciò che fa un vampiro seduttore per superare le sue paure.

A volte ci sono suoni che sembrano voci prodotte dal vento, rumori, canti di uccelli, tutto fa paura, ma c'è il vampiro seducente che tiene la pressione come un maschio. Perché è un uomo e un uomo può fare tutto ciò che si propone.

La triade.

Ancora la triade, ancora la fottuta triade. Ne abbiamo già parlato così tanto che non ho molto da dire, ma dirò una cosa importante, che non dovete cercarla, che non dovete incoraggiare la sua formazione. Qualsiasi tentativo di apparire più formale non funzionerà, è solo così che vi preferiscono, pazzi e fottuti, e saranno loro a venire da voi mentre voi siete totalmente passivi e indipendenti da loro. E non sarà una triade, sarà molto di più.

Chi va in giro a cercare di ottenere la loro fedeltà per farli fallire, deve essere totalmente freddo e distaccato e molto divertente e saranno loro stessi a voler essere presenti nella triade.

L'ho chiamata triade per mettere qualcosa di minimo, normalmente formano insiemi di molte donne, nel caso più estremo, in cui ero in pericolo di vita per tanta follia e fornicazione, sono arrivata a fare un ottetto. Ricordate che più ne avete, più ne arrivano, fino al punto che non riuscirete ad andare avanti e vi ammalerete per tanta stanchezza fisica.

Cultura e arte.

Il vampiro seduttore va a teatro, all'opera, al concerto di musica classica, alla conferenza sugli scrittori romantici del XIX secolo, a ogni evento culturale che lo interessa, a ogni concerto, mostra di pittura, museo d'arte che lo attrae. Ad ogni cattedrale o moschea, ad ogni rovina, ad ogni castello, ad ogni palazzo. Tutto ciò che riguarda l'arte e la cultura è di enorme interesse per lui.

Legge libri in inglese, libri sui romani e sulla loro architettura, su edifici, grattacieli, scienza, antichità. Il vampiro seduttore ama l'arte e avrà oggetti come dipinti o arazzi, o qualsiasi rappresentazione artistica di suo gradimento.

Il seducente vampiro è un compositore musicale, fa anche artigianato, custodisce numerose pietre preziose che guarda e da cui trae la sua energia, oltre a sfere di cristallo e altri oggetti che considera sacri.

Il seducente vampiro è anche un pittore ed esprime così il suo mondo interiore.

Il seducente vampiro scrive numerosi libri, saggi e romanzi su tutti gli argomenti che lo interessano.

Il seducente vampiro ricerca e approfondisce ogni argomento degno della sua attenzione, e in molti di essi si specializza e diventa un esperto.

Il seducente vampiro impara altre lingue, viaggia e impara ogni giorno della sua vita.

L'obiettivo del vampiro seduttore è quello di massimizzare le sue conoscenze e le sue esperienze gioiose, soprattutto con ragazze attraenti.

Il vampiro seduttore parteciperà a incontri e sarà un brillante oratore in tali incontri.

Il vampiro seduttore è proprio questo, un uomo saggio e carismatico che rapisce le persone con la sua meravigliosa capacità di coinvolgerle nei suoi progetti e di motivarle a raggiungere i loro obiettivi.

Il seducente vampiro è anche un life coach che mostra con il suo esempio come dovrebbe essere la vita e aiuta le persone in modo molto altruistico a migliorare le loro vite.

Il vampiro seduttore è un uomo messo qui per aiutare gli altri e farli diventare la migliore versione di se stessi.

Il seducente vampiro è una guida.

Il pub.

Il luogo in cui il vampiro ottiene il 90% dei suoi trionfi, quel luogo oscuro, pieno di gente, atmosfera e musica, dove tutto è possibile e la magia accade. È estremamente importante per la vostra performance di flirt che il luogo in cui andate vi piaccia e vi ecciti. È davvero molto difficile flirtare in un pub in cui non vi piace l'atmosfera, non vi piace la gente, non vi piace la musica, non vi piace l'arredamento, non vi piace nulla. Non vi sentite a vostro agio, è praticamente impossibile, ecco perché è molto importante che troviate il vostro posto magico, la vostra baia, il vostro posto speciale dove vi sentite bene. Questo posto deve avere un mercato appropriato per voi, per esempio se avete 40 anni, deve essere un posto dove vanno i quarantenni, non i diciannovenni. Deve piacervi la musica, deve piacervi l'arredamento, deve piacervi la filosofia del posto.

Credo che uno degli aspetti più importanti per avere successo nella seduzione sia quello di riuscire a trovare quel luogo fantastico in cui ci si sente a proprio agio e felici; una volta lì si inizia a materializzare il proprio potere, a ottenere trionfi, a guadagnare fiducia, ad avere ricordi positivi di quello stesso luogo, che diventa un luogo feticcio, solo sapendo che si è lì e ci si sente potenti.

A Santiago ho avuto la mia zona di pesca negli anni '90 e 2000 fino, diciamo, al decennio degli anni '10 quando l'atmosfera è cambiata, questa zona di pesca era "la Quintana", un pub incredibile dove tutto era possibile. C'era anche "el retablo", abbastanza vicino alla resa di questo, ma era la Quintana quella che mi piaceva di più. Una volta arrivato lì, euforico, dissi

Questa è la Quintana!

Come lo spartano in 300.

Lì mi sentivo forte e potente e si vedeva. Oggi, a causa dell'età estrema che ho raggiunto, non è più il mio posto preferito perché l'atmosfera è totalmente cambiata e le persone hanno 30 anni meno di me. L'importante è che sia esistito. E ci saranno anche altri nuovi posti dove sarà fantastico. Trova il tuo posto!

I colori del vampiro.

Il vampiro è un fan del rosso e del nero, i due colori che gli piacciono di più. Sono presenti nel mantello e in molte parti del vampiro. Guarda molto le donne che indossano il rosso, le donne che indossano il rosso sono donne sexy, soprattutto se indossano scarpe rosse. Queste scarpe rosse rivelano la loro mente arrapata. Lo so per decenni di esperienza nel notare come sono vestite e che aspetto hanno. Più indossano il rosso, più sono eccitanti e ti lanciano addosso.

Il rosso denota potere, passione, fuoco, forza, sicurezza. Indossate anche voi il rosso, non passerete inosservate. Il nero vi conferirà mistero ed eleganza.

Guardate anche le donne che portano le labbra rosse, tutto ciò che è rosso è un buon segno.

Feticismi vampirici.

Non è colpa del vampiro se è diventato un feticista, sono loro che ti hanno pervertito con le loro molteplici follie. Così alla fine, all'età di 40 anni, il vampiro finisce per diventare un feticista a cui piacciono le unghie dei piedi dipinte a colori. Gli piace succhiarle e mangiarle ed è molto eccitante. Questo, come ho detto, è colpa loro, delle loro perversioni, prima di iniziare a scopare in massa ero un ragazzo del tutto normale, ora che ti hanno fatto diventare mezzo matto se una di loro non ti mette in bocca le sue unghie dipinte di rosso non sei per niente contento. La verità è che si tratta di una prelibatezza, una prelibatezza ricca come la figa o le tette. Sì, sii un sibarita perverso e fai queste cose così morbose. Un vampiro è anche un feticista, un feticista moderato che non raggiunge i livelli di follia di Tarantino, ma un po' feticista sì.

Genere vampiro.

Ora che uno può sentirsi una donna ed essere una donna, o sentirsi una giraffa ed essere una giraffa, perché non dovrei sentirmi un vampiro ed essere un vampiro? Quindi andrò all'anagrafe per vedere se mi faranno registrare come vampiro e quindi ufficializzare il mio vampirismo, e quando mi chiederanno se sono un uomo dirò di no, che sono un vampiro, e allo stesso tempo mi libererò delle leggi femministe che criminalizzano gli uomini. Dato che non sarò un uomo ma un vampiro, non mi riguarderanno, ah ah ah ah ah. Approfittiamo delle cose stupide che i progressisti fanno a nostro vantaggio.

La caccia.

Il vampiro si trova già nel suo ambiente naturale, il pub. È uscito da solo e si è posizionato lì osservando attentamente le ragazze presenti nel locale. All'improvviso una di loro cattura il suo sguardo, una ragazza bionda in abito bianco dalle curve eccellenti. Questa ragazza è al bar da sola, perché è andata a ordinare il suo drink lì. Il rilevatore del vampiro l'ha convalidata come ottimale per essere avvicinata. È davvero un pezzo magnifico, ha delle cosce fantastiche, una figura molto bella, molto attraente, molto carina. Il vampiro la guarda da lontano, lei lo guarda, lui sorride leggermente e lei abbassa lo sguardo un po' imbarazzata perché ha capito che il vampiro sa che lo stava guardando, questo è proprio il segno di cui aveva bisogno. Il vampiro non esita un attimo, sono passati solo due secondi da quando si è accorto della presenza della ragazza e sta già per avvicinarsi a lei con la mente già pronta. Il vampiro approfitta della situazione strategica e dell'enorme opportunità di vederla sola. Il vampiro si mette accanto a lei, le sorride e le dice.

-Ci vuole sempre più tempo per partecipare.

Lei ride e risponde

-Si, è vero, è da un po' che sono qui e non è venuto nessuno.

-Te lo prendo io.

Il vampiro dice con sicurezza e chiama il cameriere che in men che non si dica sembra essere

Nel frattempo il vampiro si è già presentato e si è baciato due volte, la ragazza si chiama Alicia per esempio, viene da fuori città ed è qui con alcuni amici per uscire stasera, presto andrà nella sua città che potrebbe essere Valladolid per esempio.

Il vampiro ha più dati di quelli che gli servono, sa cosa deve fare, ha capito che è una bella ragazza che si sta divertendo fuori città, il che la rende molto più disinibita, non conosce bene il posto ed è ricettiva alle chiacchiere, quindi il vampiro metterà subito in moto la sua predazione.

Il vampiro chiede

- Con chi sei?

e lei risponde

-Con alcuni amici di Santiago.

Il vampiro dice

- Sono la persona più esperta di questa città e posso portarvi nei posti migliori - posso portarvi nei posti migliori.

Quindi lui le sta dando un vantaggio, un beneficio, si sta comportando in modo gentile, è educato, inoltre lei vede che lui è da solo e dopo quanto gli è piaciuto sarebbe un po' spiacevole non coinvolgerlo nella serata e lasciarlo fuori.

Dove sono i tuoi amici? Vieni, voglio conoscerli.

Il vampiro va con Alice e si presenta alle altre tre amiche, che ovviamente sono molto più brutte di lei. Si comporta in modo educato, cortese, gentile e amichevole con loro, in modo che si sentano a loro agio. Lui è lì a raccontare cose, a fare lo spiritoso, le ragazze si sentono a loro agio e a poco a poco si instaura un'atmosfera di calore e benessere tra lui e loro. Loro lo hanno accettato completamente. Dopo circa 20 minuti il vampiro si offre di portarle a fare un giro della città nei pub più cool. Anche se sono di Santiago, vanno sempre nello stesso posto e non sanno come il vampiro che si dedica alla vita notturna da 30 anni. Il vampiro li porta in un pub più oscuro e propizio, con più musica, con più gente, dove tutti sono più vicini e questa intrusione nei loro confini personali li fa accettare ancora di più perché lui e gli amici di Alicia si toccano praticamente.

In questo pub inizia a creare comfort e una leggera complicità con gli sguardi e i sorrisi di Alicia, che si sente a suo agio e inizia a toccarle leggermente i capelli. Il vampiro non le dice quanto è bella, non le fa complimenti o altro, è lì che emana mascolinità, è divertente, disinibito, non si preoccupa di flirtare con lei. Si sta solo divertendo e loro si stanno divertendo con lui. Si vede che è a suo agio, non ha paura di loro, è abituato ad andare con le ragazze.

Alcune sue amiche sono attratte da lui e iniziano a provarci spesso e a fargli domande, questo è un ottimo segno, perché significa che sta attirando le donne e sta facendo le cose per bene. Tra l'altro, il vampiro si sta concentrando su questa ragazza e questo fa sentire Alicia un po' abbandonata, e lei si rende conto di voler stare con lui e di avere più importanza. il vampiro, camuffando la sua conversazione con l'altra amica dell'educazione, la fa soffrire.

Poi tutti bevono altro alcol e ridono. Quando Alice si sente abbandonata, il vampiro le dice

-Vi mostrerò il meglio di questo posto.

La prendete per mano, ad esempio, e la conducete in un luogo più appartato, dove le dite: - "Non è vero che non ci sono problemi".

la cosa migliore di questo sito sono io

Una volta che l'avete separata dalle sue amiche, lei si sente più a suo agio e si avvicina e vi tocca molto, voi impazzite e iniziate ad afferrarla per la vita e a non lasciarla andare, vi sentite molto comodi e a vostro agio accanto a lei e provate un'attrazione molto forte come risultato di questo spazio minimo tra voi e dell'elevato contatto fisico che state avendo. Fate una faccia sfacciata, siete disinibiti e in questo caso sfacciati e le toccate un po' i capelli, e boom! Senza ulteriori indugi ti avvicini e la baci lì. Questo posto è spesso il bar del pub e per premiarvi di questo bel bacio ordinate un drink che sa di gloria.

Poi stai limonando duro con questa ragazza e nel momento in cui la sbaciucchi o le afferri una natica dal culo e la impasti con forza per finire dici -che culo che hai-.

Alicia infila ancora di più la lingua dentro di te e tu le dici

-Voglio che tu venga a dormire con me.

Alicia ti risponde

-Sono con i miei amici.

e tu rispondi

-Non preoccuparti, non mangio nessuno e quando vorrai tornare ti riporterò indietro.

Questa frase e un'altra pomiciata più forte che segue convincono completamente Alicia, che va con il vampiro a trovare i suoi amici e dice loro che sta venendo con te.

Uscite dal pub e durante il tragitto gli date altre tre o quattro sbaciucchiate, raggiungete l'auto, salite e tornate a casa.

Senza troppi giri di parole lei si sdraia sul letto e potete immaginare cosa succede. Il vampiro passa la notte a scopare questa donna sconosciuta e lussuriosa che ha appena conosciuto.

Il vampiro la scopa a quattro zampe, sopra di lei, lei sopra di lui, lei lo succhia e tu sborri tre volte nella sua figa calda e bagnata.

Al mattino, quando ti svegli, pensi: "Avrei perso tutto non avvicinandomi a lei!" Dio, quante donne si sono perse per essere state codarde.

Ma non tu, il vampiro, non sei un codardo e lo hai dimostrato.

Quando Alice si sveglia al mattino, dopo aver dormito poco, la si porta dai suoi amici e si torna a casa felici e soddisfatti del lavoro svolto.

Scrivete sulla lista il nuovo pezzo che avete raggiunto e dormite piacevolmente. Quando ci si sveglia, ci si rende conto di quanto ci si è divertiti e si ha un'ondata di entusiasmo, più autostima, più potere, cazzo.

Ti senti il fottuto padrone, il capo della città, il fottuto padrone, e così è.

E questa è la caccia, questo è ciò che ci fa vivere come seduttori, vampiri e tutto Dio. Viva la caccia.

La ragazza, che differenza fa! Tornerà e quando vorrete chiamarla sarà già passato un mese e il momento sarà andato perduto. Quella ragazza non sarà mai persa, rimarrà per sempre parte del vostro potere. È utile essere consapevoli del proprio fottuto potere. Una ragazza fantastica. Quella porta più di qualsiasi fidanzata.

Quella ragazza ti faceva sentire un macho, uno stronzo, un fottuto vincitore. Non creava problemi, li portava e basta. Il meglio della tua vita.

Il vampiro vi parla.

Tu che stai leggendo o ascoltando, ovunque tu sia e chiunque tu sia, sei mio amico. Mi identifico con te e con i tuoi problemi, perché li ho attraversati tutti e ho sofferto come il più, e grazie all'attraversamento di molte difficoltà di ogni tipo, economiche, sessuali, amorose, emotive, grazie all'attraversamento di una crisi e soprattutto grazie all'immenso lavoro e all'enorme sforzo di continuare ad andare avanti, senza arrendersi e cercando di migliorare, senza accontentarsi di ciò che si è, sono arrivato dove sono arrivato.

Voglio che arriviate fino a dove volete arrivare, perché in realtà non ci sono limiti, ma vi accontentate di qualcosa che date per scontato. Voglio che capiate che vorrei potervi influenzare in modo più potente che attraverso questo libro, e infatti farò dei video in cui tutto sarà spiegato meglio, ma per ora questo è quello che c'è, e dovete approfittarne e motivarvi bene per trasformarvi in quello che volete essere.

Ora, grazie alla saggezza dell'età, vedo chiaramente tutto il passato e sono molto orgoglioso di ciò che ho fatto ed entusiasta di fare cose nuove. Sono il vampiro, il vampiro scopatore che ha terrorizzato questa città per decenni, e passo a voi il compito di portare avanti la mia eredità nella vostra città, essendo un vampiro scopatore amante del divertimento che vive una vita meravigliosa.

Non voglio questo, voglio questo, voglio quello, lotterò per questo! Siate irriverenti e non fermatevi finché non avrete raggiunto il vostro obiettivo.

Siate l'impalatore.

Quello oscuro.

Il temuto.

Il più potente.

Essere un fottuto vampiro seduttore.

Il trionfo non deve essere solo delle donne, ma deve essere olistico, totale.

Gli uomini devono svegliarsi e rendersi conto che la vita del vampiro seduttore è molto più soddisfacente di qualsiasi altra.

Mentre gli uomini si svegliano, noi, che sappiamo già cosa siamo, continuiamo la nostra predazione.

Io so tutto, io vedo tutto, io so cosa pensate, io vedo la vostra aura anche da lontano, io sono il vampiro.

Questo è ciò che ho da raccontare del vampiro seduttore. Grazie per avermi ascoltato.

Notte da vampiro.

Sì, questa è la notte più bella della vostra vita, questa notte uscirete nei tetri vicoli della vostra città. Assicuratevi che sia buio, la notte è nostra amica. Sì, stasera uscirete per sedurre una splendida ragazza goth che incontrerete in un pub buio e tumultuoso. Poi all'alba, se la conquista è stata buona, tornerai alla tua dimora per nasconderti dal sole insieme a lei. I vampiri vivono così, di momento in momento.

La notte più bella della tua vita,

Giochiamo!

Did you love *Il vampiro seduttore*? Then you should read *Capire le donne*[1] by John Danen!

[2]

In questo libro vi racconterò cosa pensano davvero le donne... Abbiamo sempre voluto capire le donne e pensavamo che non fosse possibile. Ebbene, non solo è possibile, ma è abbastanza ovvio come pensano e si comportano. Scopritelo qui.

---

1. https://books2read.com/u/4D66aP

2. https://books2read.com/u/4D66aP

Also by John Danen

Seduction 5.0
S.A.X.
Chicas complicadas
Seducción 5.0
El libro del tonto
Macho Alpha
Macho alpha extracto
La seducción después de la pandemia
Terriblemente atractivo
Seducción 5.1
Sedução 5.1
How to be Cool and Attractive
Sedução. Avançada. X.
Garotas complicadas
¡Basta de ser buen chico! Sé un chico malo.
El método JD. El método de seducción de John Danen
El arte de agradarte a ti mismo
¡Basta ya de abusos! ¡Defiéndete!
Enought with the abuse! Defend yourself!
Máster en seducción
Las mujeres. El amor. Y el sexo.
Supera la dependencia emocional
Atrae mujeres con masculinidad
JD Absoluta seducción
El fracaso del amor

Entender a las mujeres

La vida del seductor sinvergüenza y encantador.

El arte de la dureza

Terrivelmente atraente

Deixe de ser um bom da fita! Seja um mauzão.

Superar a dependência emocional

A arte de se agradar

Pare o abuso! Defenda-se!

O fracasso do amor.

O método JD

Don´t Be a Good Boy! Be a Badass

Complicated girls

The Art of Pleasing Yourself

Duro y Sinvergüenza

Mestre en sedução

JD Method

The Failure of Love. The Trap of Serious Relationships

Master in Seduction

A. S. X. Advanced. Seduction. X

Women. Love. Sex

How to Become a Real Man. Be an Alpha Male

Attract Women with Masculinity

JD Absolut Seductión

Understanding Women

The Life of the Shameless and Charming Seducer.

The Art of Toughness

Tough and Shameless

Überwindung der Emotionalen Abhängigkeit

Maître en séduction

Schrecklich Attraktiv

Surmonter la Dépendance Émotionnelle

L'art de la dureté

Die Kunst der Zähigkeit

Hör auf, ein guter Junge zu sein, sei ein böser Junge

Assez D'être un Bon Garçon ! Sois un Mauvais Garçon.

Die Kunst, sich Selbst zu Gefallen

Dur et sans Vergogne

Hart im Nehmen und Schamlos

L'art de se Plaire à soi-Même

Das Scheitern der Liebe

L'échec de L'amour.

Meister der Verführung

Die JD-Methode

Maestro di Seduzione

Terriblement Attrayant

La Méthode JD

Capire le donne

Compreendendo as Mulheres

Comprendre les Femmes

Die Frauen Verstehen

Les Filles Compliquées

Komplizierte Mädchen

JD Séduction Absolue

La Vie du Séducteur Charmant et sans Vergogne

Les Femmes. L'amour. Et le Sexe.

Mâle Alpha

S.A.X.

V.F.X.

Donne. Amore. E il sesso.

Ragazze Complicate

Superare la Dipendenza Emotiva

Seduzione. Avanzata. X.

Dark Seducción

Il Fallimento Dell'amore.

Il Metodo JD

Alphamännchen

Atrair Mulheres com Masculinidade
Attirare le donne con la Mascolinità
Attirer les Femmes par la Masculinité
Mit Männlichkeit Frauen Anziehen
Frauen. Liebe. Und Sex.
L'arte di Piacere a se Stessi
Mulheres. Amor. E Sexo.
JD Seduzione Assoluta
JD Absolute Verführung
JD Sedução Absoluta
Das Leben des charmanten, schamlosen Verführers
Smettila di Fare il Bravo Ragazzo! Essere un Cattivo Ragazzo.
La Vita del Seduttore Affascinante e Spudorato
A Vida do Sedutor Encantador e sem Vergonha
Macho Alfa
Uomo Alfa
Séduction 5.0
Verführung 5.0
Seduzione 5.0
Duro e Senza Vergogna
Duro e Sem Vergonha
L'arte della Durezza
A Arte da Dureza
The Fool's Book
Das Buch der Dummköpfe
Il Libro dei Pazzi
O Livro do Tolo
Dark Seduction
Dunkle Verführung
Sedução Escura
Dark Seduction
Seduzione Oscura
Le livre du fou

Como materializar lo que deseas con el fxxxxxx power
Como materializar o que você quer com o Fxxxxxx Power
El ángel Sex-terminador
El seductor vampiro
O Vampiro Sedutor
Sex-Terminating Angel
The Vampire Seducer
How to Materialize What You Want With The Fxxxxxx Power
El camino del maestro
Il vampiro seduttore
O camiño do mestre
La via del maestro
Der verführerische Vampir
Le sedusant vampire
Der Weg des Meisters
La voie du maître de la séduction
The Way of the Master
Come materializzare ciò che si desidera con il Fxxxxxx Power
Wie Sie Ihre Wünsche verwirklichen können mit dem Fxxxxxx Power
El método EDP
O método EDP
The EDP method

About the Author

Español.

Soy un hombre vividor y divertido que busca el lado bueno de las cosas siempre.

Mi experiencia es el campo de las relaciones personales y de la seducción. Por eso tras dedicarme larguísimas décadas a ello, quiero trasmitir mis conocimientos. Para que las nuevas generaciones tengan unos conceptos que les den una ventaja competitiva sostenible y poderosa en el campo del amor.

Quiero ayudarte a a conseguir tus metas.

Portugués.

Sou um homem animado, e divertido, que sempre procura o lado bom das coisas.

Minha experiência está no campo das relações pessoais e da sedução. É por isso que, após décadas de dedicação a ela, quero transmitir meus conhecimentos.

Quero ajudá-los a alcançar seus objetivos.

Inglés

I am a lively and fun man, who always looks for the good side of things.

My experience is in the field of personal relationships and seduction. That is why, after decades of dedicating myself to it, I want to pass on my knowledge. So that the new generations have concepts that give them a sustainable and powerful competitive advantage in the field of love.

I want to help you achieve your goals

Français Je suis un homme vif et drôle qui cherche toujours le bon côté des choses.

Mon expérience se situe dans le domaine des relations personnelles et de la séduction. C'est pourquoi, après m'y être consacré pendant des décennies, je veux transmettre mes connaissances. Pour que les nouvelles générations disposent de concepts qui leur donnent un avantage concurrentiel durable et puissant dans le domaine de l'amour.

Je veux vous aider à atteindre vos objectifs.